Hattie Daniel

Lhattie Haniel

Lhattie Haniel

Shattie Daniel

Hattie Daniel

Lhattie Haniel

Shattie Daniel

Shattie Daniel

Shattie Haniel

Shattie Daniel

Shallie Daniel

Shattie Daniel

Hattie Daniel

Shattie Daniel

Shattie Daniel

Lhattie Haniel

Shattie Haniel

Lhattie Haniel

Hattie Daniel

Shattie Daniel

Shattie Daniel

Shattie Daniel

Lhattie Haniel

Hattie Haniel

Hattie Daniel

Hattie Daniel

Shattie Daniel

Shattie Daniel

Shattie Haniel

Shattie Daniel

Shattie Haniel

Lhattie Haniel

Hattie Daniel

Shattie Haniel

Shattie Daniel

Shattie Daniel

Hattie Daniel

Shattie Daniel

Hattie Daniel

Shattie Daniel

Hattie Daniel

Shattie Daniel

Shattie Haniel

Shattie Daniel

Lhattie Haniel

Lhattie Haniel

Shattie Daniel

Shattie Haniel

Hattie Daniel

Shattie Daniel

Hattie Daniel

Shattie Daniel

Lhattie Haniel

Hattie Daniel

Lhattie Haniel

Lhattie Haniel

Shattie Daniel

Shattie Daniel

Hattie Daniel

Shattie Daniel

Hattie Haniel

Shattie Daniel

Shattie Daniel

Hattie Daniel

Hattie Daniel

Hattie Daniel

Lhattie Haniel

Shattie Daniel

Shattie Daniel

Lhattie Haniel

Shattie Daniel

Shallie Daniel

Shattie Daniel

Shattie Daniel

Hattie Daniel

Hattie Daniel

Shattie Daniel

Shattie Daniel

Shattie Daniel

Shattie Daniel

Lhattie Haniel

Hattie Haniel

Hattie Haniel

Lhattie Haniel

Shattie Daniel

Shallie Daniel

www.ingramcontent.com/pod-product-compliance
Lightning Source LLC
Chambersburg PA
CBHW020453220526
45464CB00002B/968
* 9 7 8 1 9 8 0 3 9 6 2 6 0 *